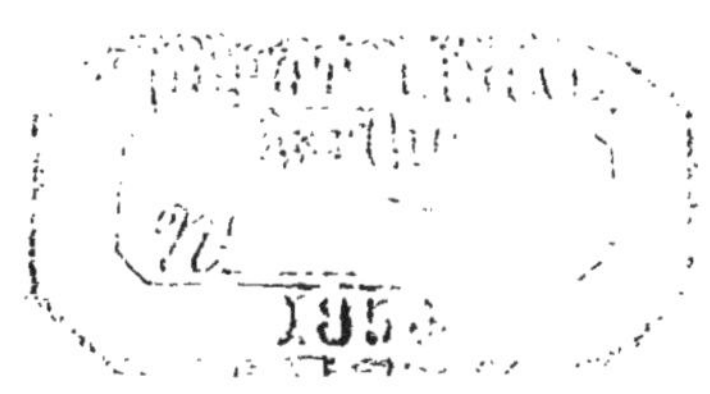

PROGRAMME

DÉTAILLÉ

DES FÊTES DU MANS

28, 29 ET 30 MAI 1854

INAUGURATION DU CHEMIN DE FER

DU MANS A PARIS

FÊTES DU MANS

28, 29 ET 30 MAI 1854

PROGRAMME DÉTAILLÉ DES FÊTES

ORNÉ

DE DESSINS

LE MANS

IMPRIMERIE DE JULIEN, LANIER ET Cᵉ

PLACE DES HALLES, 12

1854

FÊTES D'INAUGURATION

DU CHEMIN DE FER

LES 28, 29 ET 30 MAI 1854

PROGRAMME.

Distribution aux indigents.

Pendant la durée des fêtes, 8,000 kilogrammes de pain blanc seront distribués aux indigents, par les soins du Bureau de charité.

Première Journée. — Dimanche 28.

A trois heures, arrivée du convoi d'honneur à la gare, au bruit des salves d'artillerie et des bombes, et réception, par toutes les autorités réunies, des hauts dignitaires venus de Paris.

Cérémonie religieuse : bénédiction des machines par Mgr l'évêque du Mans, assisté du chapitre de la cathédrale et du clergé des paroisses de la ville. La bénédiction terminée, le cortége se formera pour se rendre processionnellement à la cathédrale, où un *Te Deum* sera chanté.

A six heures, banquet offert à la gare par la compagnie du chemin de fer de l'Ouest; et, à la nuit, illumination extérieure et intérieure.

Au théâtre, représentation extraordinaire par des artistes de Paris.

Deux orchestres de danse seront dressés dans le quinconce de la promenade des Jacobins et joueront toute la soirée.

Les édifices publics seront pavoisés et illuminés; les habitants sont invités à décorer de même leurs maisons.

Un grand feu d'artifice allégorique, composé par Marin, artificier de la ville de Paris, sera tiré sur la place des Jacobins.

Deuxième Journée. — Lundi 29.

A midi, un cortége-cavalcade, représentant l'entrée au Mans, en 1471, de Charles III d'Anjou, comte du Maine, parcourra la ville. Toutes les personnes du cortége seront vêtues des costumes exacts du temps, et des harnachements analogues couvriront les chevaux. A la suite de cette partie historique viendront des chars, symbolisant les principales industries du pays, entourés des ouvriers des diverses corporations de métiers, portant leurs bannières.

Un programme spécial fera connaître l'itinéraire et la composition du cortége.

Le soir, dans un local disposé à cet effet, et assez vaste pour répondre à tous les besoins, un concert sera donné, au bénéfice des pauvres, par la Société philharmonique du Mans, avec le concours des compagnies musicales des départements voisins.

On y entendra pour le chant Mme Tédesco et M. Roger, tous deux de l'Opéra; pour la partie instrumentale, M. Léon Lecieux, violoniste.

3e Journée. — Mardi 30.

Sur un théâtre construit dans le quinconce de la promenade des Jacobins, auront lieu, pendant le jour et le soir, des représentations publiques de pantomimes, arlequinades, scènes comiques, etc., etc.

Des mâts de cocagne s'élèveront dans le même emplacement.

Le soir, orchestres publics et danses.

Illumination de la façade du théâtre et des promenades en lanternes et ballons de couleur.

A neuf heures, bal donné par la ville, dans la salle de spectacle, décorée exprès pour cette soirée.

Dans ces trois jours, deux expositions seront ouvertes : l'une, de tableaux et objets d'art, anciens et modernes; l'autre, d'horticulture.

La compagnie fera un premier train partant de Paris le 28, à 7 heures 1/2 du matin. Un second partira de Chartres vers 8 heures, pour prendre les invités des petites stations de Chartres au Mans. Il y aura des trains de retour dans la nuit du dimanche au lundi, ainsi que les lundi et mardi 29 et 30.

Le Maire, P. SURMONT.

Vu et approuvé :

Le Préfet de la Sarthe, chevalier de la Légion d'honneur,

A. PRON.

Lith. Lanier.

Bénédiction des Locomotives

PREMIÈRE JOURNÉE.

DIMANCHE 28.

Bénédiction des Locomotives.

Entre la gare des voyageurs et la gare des marchandises, vis à vis la rue du gué de Maulny, est dressé un immense autel du haut duquel Mgr l'évêque du Mans, entouré du chapitre de la cathédrale et d'un nombreux clergé, bénira les locomotives. De chaque côté de l'autel, deux vastes tribunes couvertes, pouvant contenir chacune 600 personnes, sont réservées aux hauts dignitaires, aux autorités, et aux personnes invitées à assister à la cérémonie. Tout autour se dresse une rangée circulaire de mâts portant des oriflammes et des bannières sur lesquelles sont inscrits les noms des diverses stations du chemin de fer de l'Ouest. Le public, séparé de la voie par une barrière, fait face à l'autel et peut tout voir sur des gradins disposés en amphithéâtre!

A trois heures, le convoi d'honneur arrivera à la gare, et sera annoncé par des salves d'artillerie. Après la réception des hauts dignitaires par M. le Préfet, Mgr l'évêque montera à l'autel, devant lequel les locomotives, au nombre de trois, viendront se ranger pour recevoir la bénédiction.

La cérémonie religieuse terminée, le cortége se rendra processionnellement à la cathédrale. Pendant son parcours, les chants religieux alterneront avec la musique du régiment. Un *Te Deum* solennel sera chanté à Saint-Julien.

Banquet. — Bal à la Préfecture. — Illuminations publiques.

A six heures, aura lieu un banquet de plus de 500 couverts, donné à la gare par la compagnie du chemin de fer, dans le bâtiment des wagons. La salle éclairée de trois mille bougies, sera décorée de magnifiques tentures et de guirlandes de verdure, au milieu desquelles seront placés le buste de l'Empereur, des écussons portant les noms des villes situées sur la ligne de l'Ouest et les armes de Paris et du Mans. Un convoi express transportera de Paris tout le matériel du banquet qui est fourni par Chevet.

Pendant le banquet, la musique du 9e Dragons exécutera des symphonies. A la tombée du jour, la gare sera splendidement éclairée à l'extérieur et à l'intérieur, par des milliers de becs de gaz.

Le soir un grand bal sera donné à l'Hôtel de la préfecture.

Les édifices publics et les maisons particulières seront illuminés et pavoisés.

Deux orchestres de danses seront dressés dans le quinconce de la promenade des Jacobins, et les jeunes garçons pourront danser toute la soirée.

Théâtre.

Les portes du Théâtre seront ouvertes à sept heures.

Le spectacle est coupé de manière à ce que les spectateurs puissent voir, dans un entr'acte, le feu d'artifice qui sera tiré sur la place des Jacobins, près de l'escalier dit Monumental.

Voici la composition du spectacle. Mlle Judith, sociétaire du théâtre français, une des plus jolies actrices de Paris, jouera les principaux rôles dans les deux pièces suivantes :

Philiberte, comédie en 3 actes, par M. Emile Augier.

Le Piano de Berthe, comédie-vaudeville en 1 acte, par M. Thédore Barrier.

La Fille de Dominique, comédie-vaudeville en 1 acte.

Mme Henri Monnier remplira quatre rôles de différents caractères dans cette pièce.

Le spectacle commencera par un vaudeville nouveau.

Le prix des places, pour cette représentation, n'est que très-faiblement augmenté :

Premières et stalles.	3 fr.	50 c.
Secondes de face.	3	
Loges grillées.	2	50
Secondes de côté.	2	
Parterre.	1	50
Troisièmes.	1	

Feu d'artifice.

A neuf heures commencera le feu d'artifice, qui sera annoncé par plusieurs gros marrons.

Le bouquet représentera un convoi passant sous un arc de triomphe.

Lith Lamer

Feu d'Artifice tiré sur la Place des Jacobins

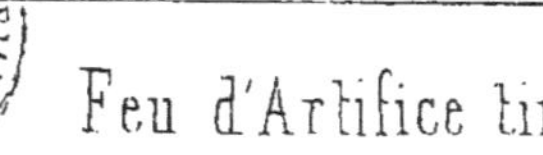

DEUXIÈME JOURNÉE.

LUNDI 29.

Cavalcade historique. — Entrée de Charles III d'Anjou, comte du Maine, au Mans, en 1471.

A midi, le cortége-cavalcade, représentant l'entrée au Mans de Charles III d'Anjou, comte du Maine, sortira de la Mission.

Au mois d'octobre de l'an 1471, les habitants du Mans reçurent avis que Charles d'Anjou, troisième du nom, comte du Maine, de Guise, etc., qui se trouvait alors à son château du Loir, se proposait de venir visiter leur cité vers la fin de ce mois, et d'y passer quelques jours près de son beau-frère, Mgr Thibault du Luxembourg, qui en occupait le siége épiscopal.

C'était la première fois qu'ils allaient recevoir ce prince, depuis qu'échappé à la domination anglaise, ils étaient rentrés sous son autorité, le 14 mars 1450;

aussi reçurent-ils avec enthousiasme l'annonce de sa prochaine arrivée.

Les gens d'église, bourgeois et habitants, aussitôt convoqués et réunis en assemblée générale, en la grande salle du manoir épiscopal, conclurent et arrêtèrent à l'unanimité, qu'indépendamment d'un don de cent pipes de vin et de cent septiers de froment, grande et solennelle réception serait faite à Mgr le comte du Maine à *cettuy son joyeux avénement en sa bonne ville et cité du Mans.*

Charles, ainsi qu'il l'avait annoncé, arriva dans la matinée du 30 octobre, avec sa femme Isabeau de Luxembourg. Ce prince, qu'accompagnait monseigneur le Bâtard du Maine, capitaine de la ville et château du Mans, ainsi que les autres officiers de sa maison et toute la noblesse du pays, fut reçu par les habitants du Mans, en armes, qui s'étaient portés à sa rencontre en dehors des murs de la ville. Après que Guillaume Bouchet, roi d'Yvetot, et alors conétable du Mans, lui eût présenté les clefs, et qu'il eût entendu les harangues de M. le juge ordinaire du Mans et du procureur du général des manants et habitants, il fit son entrée à cheval par la vieille porte, au bruit des décharges, des *bâtons à feu, arquebutes à crocs,* et autres engins d'artillerie que possédait la ville.

Arrivé dans la cour Saint-Pierre, il mit pied à terre

dans les chaînes de l'église, à l'entrée de laquelle l'attendaient les chanoines réunis. On lui présenta la croix d'or à baiser, puis on le revêtit d'un beau surplis et d'une belle chappe de soie, et on lui donna l'eau bénite; on le conduisit ensuite au chœur en chantant l'antienne de sainte Scholastique *O felix*.

Arrivé là, Mgr le comte du Maine se plaça dans la chaire décanale, et entendit la messe basse dite par son chapelain, à laquelle assistèrent, chacun à leur place, les doyens, chanoines et habitués de l'église, tous en chappe de soie. La messe terminée, il alla à l'autel Saint-Yves, où était exposée la châsse de sainte Scholastique, devant laquelle il se prosterna et fit ses prières, après quoi il la baisa.

Ce devoir accompli, Charles se rendit en la sacristie, où, après avoir reçu les hommages du doyen et du chapitre, il se dépouilla du surplis et de la chappe dont il était resté couvert jusque-là.

Remonté à cheval, avec toute sa suite, ce prince se rendit au palais épiscopal, où il fut reçu par Mgr Thibault de Luxembourg, qui lui avait fait préparer à dîner, et chez lequel il devait loger, l'ancien palais des comtes du Maine n'étant déjà plus habitable.

Dans le trajet qu'il venait de faire à travers la ville, il avait passé sous plusieurs arcs de triomphe que la ville avait fait dresser, et s'était arrêté devant plus d'un théâtre où *des feintises et jeux de personnaiges* s'exécutaient à son intention.

Charles était à peine à table avec toute sa cour, que le doyen et les députés du chapitre de Saint-Pierre furent introduits, et lui présentèrent le pain de chapitre et un papier contenant les cinq sols de distribution auxquels tout chanoine avait droit pour son assistance au chœur, le tout accompagné d'une belle harangue contenant l'offre de tous les biens spirituels et temporels du chapitre.

Le lendemain, le comte assista aux offices de la Toussaint, en l'église de Mgr saint Julien et fit, à cette occasion, don au chapitre de dix vases d'or destinés à renfermer les saintes reliques qu'il possédait.

Le jour même de l'arrivée du comte, les manants et les habitants du Mans lui présentèrent une requête, afin d'obtenir de lui le don perpétuel d'un portail, sis comme au milieu de la ville, nommé la Porte-Ferrée, dans lequel ils pourraient déposer à l'avenir, et mettre en sûreté, non-seulement le coffre contenant leurs chartes, lettres et autres enseignements, mais encore le peu d'artillerie, poudres et autres choses à eux nécessaires, servant à la conservation et défense de la ville.

Charles fit droit à cette requête, en considération de la grande et honnête réception que les suppliants lui avaient faite à son entrée, et sous la seule condition que les suppliants lui paieraient, à chaque fête de la Pentecôte, un chapel de roses ou dix deniers tournois pour iceluy.

Ce succès encouragea les habitants de la paroisse de Saint-Pierre-la-Cour à s'adresser particulièrement à Mgr le comte du Maine, pour le supplier de demander en leur nom, au chapitre dudit Saint-Pierre, la concession d'un autel particulier où leur curé pût célébrer l'office paroissial.

Le prince accepta gracieusement cette mission, et fit la demande au chapitre qui, tout en l'accordant, consigna secrètement sur le registre de son secrétariat sa protestation qu'il n'approuvait pas l'érection de l'autel paroissial, qu'il ne la tolérait que par crainte du comte, et qu'il le ferait abattre aussitôt qu'il n'y aurait plus de danger.

Mgr le comte du Maine signala sa présence en sa ville du Mans par divers autres priviléges accordés aux habitants. Il y avait à peine cinq mois qu'il l'avait quittée, lorsque la mort le surprit à Neuvy-le-Roy, le dix avril, après Pâques, de l'an 1472. Ses dépouilles mortelles furent apportées au Mans et déposées dans le chœur de l'église Saint-Julien, à la gauche de l'autel; plus tard, un tombeau de pierre et de marbre fut élevé sur cet emplacement.

Ce tombeau, que les calvinistes avaient respecté, fut, lors des changements faits dans le chœur par monseigneur de Grimaldy, enlevé de la place qu'il y occupait et transféré en la chapelle des fonts baptismaux, où il se voit encore aujourd'hui.

C'est ce fait historique qui fait la base du cortége-oavalcade, qui sera ouvert par :

Deux pelotons d'hommes d'armes à cheval et deux pelotons d'hommes d'armes à pied.

Puis viendront successivement :

Quarante musiciens (du 9e dragons) à cheval.

Huit huissiers d'armes, sur deux rangs.

Le sénéchal du comte.

Quatre chambellans.

Quatre maîtres de l'hôtel.

Quatre veneurs.

Quatre fauconniers.

Quatre échansons.

Deux écuyers du corps.

Deux écuyers de la chambre.

Quatre sommeliers.

Quatre pannetiers.

Un médecin arabe, un chirurgien, un scribe.

Quatre ménestrels.

Un fou, un astrologue, un jongleur.

Quatre massiers aux armes de la ville.

Quatre sergents aux armes de la ville.

Six sergents de la ville, portant les pintes, etc.

Un officier de ville portant les clefs.

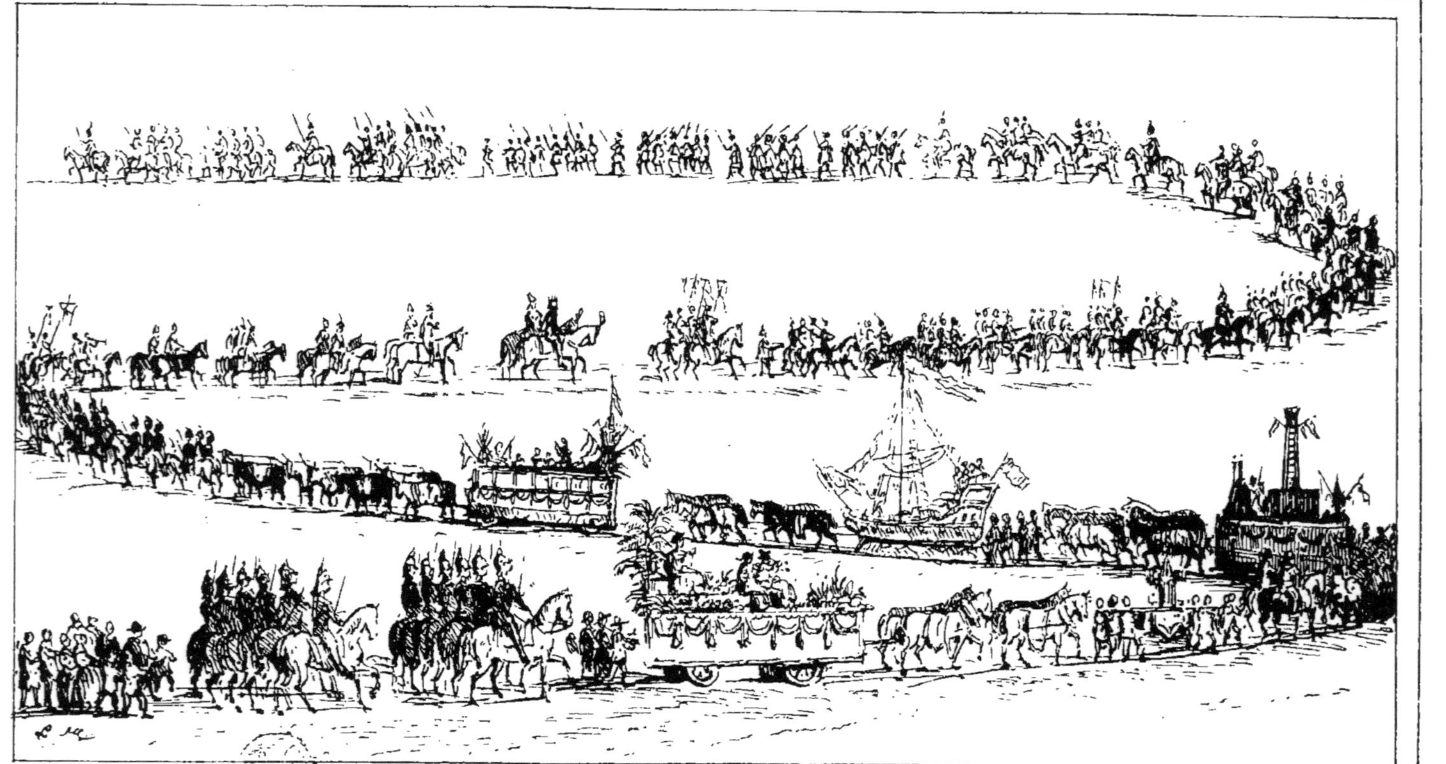

Lith. Lauer.

Cavalcade historique.

Quatre hallebardiers.

Louis d'Anjou, capitaine de la ville.

Porte-étendard et quatre hérauts d'armes.

Charles III et Isabeau de Luxembourg, sa femme.

Jean de Lorraine, Guillaume Bouchet, roi d'Yvetot, et deux dames de la suite de la duchesse.

Deux seigneurs et deux dames.

Huit pages, sur deux rangs.

Seigneurs du pays.

Héraut d'armes.

Deux trompettes.

Trois juges-diseurs.

Trois maréchaux du camp.

Quatre officiers d'armes.

Douze lanciers armés et bardés.

Deux pelotons d'hommes d'armes à pied.

Deux pelotons d'hommes d'armes à cheval.

Tous les membres de la cavalcade porteront le costume et les armes du temps; leurs chevaux seront harnachés et couverts d'une manière brillante.

A la suite de la cavalcade, viendront :

Un peloton de pompiers de cent hommes.

Un peloton d'artillerie de 50 hommes, traînant batterie et caissons.

Un peloton de dragons.

Des chars allégoriques représentant diverses industries du département.

Le char de l'agriculture, traîné par seize bœufs, ouvre la marche. Il porte les produits agricoles des diverses saisons et est couvert d'attributs et d'instruments aratoires. Il est suivi de vingt-quatre chevaux tenus en main.

Un groupe de laboureurs vient à la suite.

Le brancard des ciriers, porté à bras.

Le char de l'industrie des chanvres et toiles représente un beau navire du XVIIe siècle, mâté et pavoisé de pavillons, et décoré des produits qu'on obtient du lin et du chanvre ; à l'arrière sont assises trois fileuses. Devant le char marchent des ouvriers filassiers, tisserands, cordiers, etc., groupés sous des bannières qui portent les noms des communes du département importantes par leur fabrique de toiles.

Le char des mines, organisé par la compagnie des mines de la Mayenne et de la Sarthe. De chaque côté marchent 25 ouvriers mineurs portant leur noir costume de travail et la petite lampe *Davy* au chapeau.

Le char de la métallurgie, orné de faisceaux de métaux, chargé des produits de la métallurgie, et monté par des cyclopes.

Le char de l'horticulture, brillant de fleurs, décoré de groupes de plantes tropicales et indigènes. Deux jeunes bouquetières, placées sur le devant, jettent aux passants des fleurs qu'elles puisent dans des corbeilles.

Tous ces chars sont traînés par des chevaux.

Le cortége, fermé par un peloton de dragons à cheval, suivra l'itinéraire ci-après :

1. Départ de la Mission.
2. Entrée par la rue Basse.
3. Rue des Minimes.
4. Le tour de la place des Halles.
5. Rue Saint-Louis.
6. Le pont Napoléon.
7. Rue Montoise.
8. Place de la Croix-d'Or.
9. Rue du Sépulcre.
10. Place du Pré.
11. Rue Saint-Victeur.
12. Pont Saint-Jean.
13. Rue Dorée.
14. La Cigogne.
15. Grande-Rue.
16. Place du Château.
17. Rue de l'Évêché.
18. Place des Jacobins.
19. Rue Saint-Dominique.
20. Rue de la Barillerie.
21. Place de l'Éperon.
22. Rue Saint-Louis.
23. Place des Halles.
24. Rue Dumas.

25. Rue Marchande.
26. Rue Saint-Dominique.
27. Place des Jacobins.
28. Rue du Mail.
29. Place de l'Étoile.
30. Rue de l'Étoile.
31. Rue Dumas.
32. Rue Courthardy.
33. Rue du Mouton.
34. Rue du Quartier-de-Cavalerie.
35. Rue de la Grimace.
36. Place de l'Étoile.
37. Rue de Champ-Garreau.
38. Rue de Flore.
39. Route de Paris.
40. Rue du Quartier-de-Cavalerie.
La Mission.

Grand Concert au bénéfice des pauvres

A 8 heures du soir, un grand concert sera donné par la société philharmonique du Mans, dans le vaste local de la halle aux toiles, avec le concours de M. Roger et de Mme Tedesco, premiers sujets, pour le chant, du Grand-Opéra ; de Mlle Moreau Sainti, cantatrice de Paris; de M. Léon Lecieux, violoniste; de

M. R..., amateur de La Flèche, et des principaux artistes d'Alençon, Angers, Caen, Chartres, Laval, Rennes et Tours.

Programme du Concert.

PREMIÈRE PARTIE.

1° Ouverture d'Oberon, exécutée par la société philharmonique.

2° Air chanté par Mlle Moreau-Sainti.

3° Fantaisie brillante pour le violon, exécutée par M. Léon Lecieux.

4° Grand Rondeau de la Cénérentola, chanté par Mme Tédesco.

5° Air italien, chanté par M. R...

6° Un Ange, romance de la Favorite, chanté par M. Roger.

DEUXIÈME PARTIE.

1° Ouverture de Sémiramide, exécutée par la Société philharmonique.

2° { O mon fils, air du prophète;
Brindisi, de Lucrèce Borgia;
chantés par Mme Tédesco.

3° Page et Capitaine, romance chantée par M. Roger.

4° Thème varié pour violon, exécuté par M. Léon Lecieux.

5° Air chanté par Mlle Moreau-Sainti.

6° Stances à l'éternité, chantées par M. R...

7° Grand duo de la Favorite, chanté par M. Roger et Mme Tédesco.

Le prix des places est de 5 fr. On pourra trouver des billets à l'entrée de la salle du Concert.

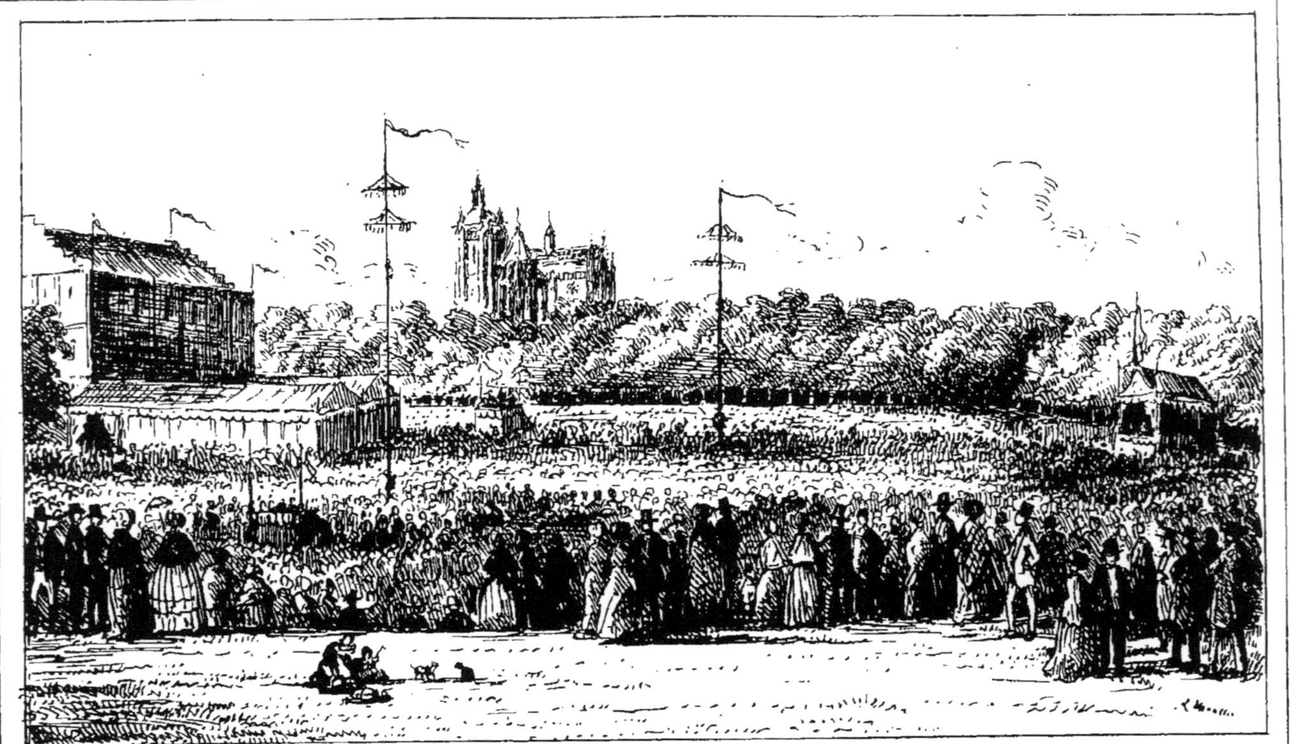

Lith. Lanier.

Fête sur le Quinconce des Jacobins.

TROISIÈME JOURNÉE.

Mardi 30.

Le quinconce des Jacobins devient le centre des réjouissances publiques.

Pendant la journée, sur un grand théâtre élevé au fond de la promenade, en face de la salle de spectacle, une troupe venue de Paris jouera des pantomimes et des arlequinades, et représentera des scènes comiques, des ombres chinoises de grandeur naturelle, des ombres impalpables, etc.

Deux mâts de cocagne se dressent sur les côtés du quinconce, invitant la jeunesse à grimper à la cime pour atteindre les lots qui pendent à une guirlande. Ces lots sont des gigots, des montres d'argent, des couverts d'argent, des timbales d'argent; celui qui est assez agile et assez adroit pour arriver le premier au haut de ces mâts enduits de graisse ou de savon, ne peut détacher qu'un prix à la fois; la rafle est défendue; les échelles sont aussi formellement interdites.

Le soir, des orchestres ornés, pavoisés et bordés de chaînes de verres de couleur, seront garnis de musiciens qui joueront des quadrilles pour faire danser la population.

La façade du théâtre et les allées du quinconce seront illuminées de ballons et lanternes japonaises courant le long des arbres. D'espace en espace, de grands arcs en ogives relieront les côtes des allées et formeront comme une voûte de feu.

Bal de la Ville.

A neuf heures, le bal offert par la ville commencera dans la salle de spectacle, splendidement éclairée à l'intérieur de treize lustres et de torches tenues par des enfants en bronze. Le fond du théâtre sera décoré de treillages dorés, le devant de l'orchestre en châssis découpés et dorés avec une balustrade en velours et or.

Au-dessus du cintre est posée une panoplie avec aigles; trente armoiries des villes de France, ligne de l'Ouest, décorent la 3e galerie; au milieu d'elles, on distingue les armes de Paris et du Mans. Des bandeaux en velours et or sont relevés aux premières et deuxièmes galeries; partout des fleurs et de riches tapis aux escaliers et sur les paliers.

Dix-sept portières en velours garnissent le foyer où sont établies des tables de jeu.

A l'extérieur, une élégante marquise donne entrée au théâtre et une bannière est plantée sur le faîtage; le vestibule est orné d'un magnifique trophée de drapeaux avec aigles et de glaces qui permettent aux dames de donner, en entrant, un dernier coup d'œil à leur toilette.

Le buffet, organisé pour les rafraîchissements et les soupers, est tenu par Chevet.

Bal à la Halle aux Toiles.

A la même heure, a lieu le bal donné à la halle aux toiles, aux profit des pauvres.

La brillante décoration qui a servi la veille à la salle du concert donné par la société philharmonique, est conservée pour cette fête de nuit. L'orchestre est composé des musiciens du jardin d'Hiver de Paris. Une quête sera faite pour les pauvres, pendant la nuit, par les dames de la ville.

Prix d'entrée : 5 francs pour un cavalier et deux dames.

Deux Expositions sont ouvertes pendant ces trois jours de fête.

EXPOSITION D'HORTICULTURE.

L'exposition d'horticulture a lieu dans le quinconce de la promenade des Jacobins, sous une tente adossée au théâtre.

Les portes s'ouvriront le dimanche 28, à midi, pour les hauts fonctionnaires, membres honoraires de droit, pour les dames patronnesses, les membres honoraires et titulaires, les délégués des sociétés correspondantes, et les invités.

Le même jour, de 2 heures après midi jusqu'à 7 heures, pour les visiteurs qui paieront une retribution d'un franc. Les lundi et mardi, 29 et 30 mai, de 7 heures du matin à 7 heures du soir, pour toutes les personnes munies de leurs cartes, ou d'un billet de la loterie de plantes et d'objets d'art ou d'industrie horticole, qui sera tirée à la fin de l'exposition.

La loterie comprendra 66 séries, divisées chacune en 100 billets. A chaque série seront attribués dix lots de valeur inégale, mais en moyenne bien supérieure au prix du billet.

Tous les billets émis (ceux mêmes qui auront gagné les lots sus-mentionnés) participeront aux chances du tirage suivant :

1° Un gros lot (un ou deux vases en porcelaine de Sèvres ou de Chine), d'une valeur de. . . 400 fr.

2° Un second lot, d'une valeur de. . . . 100

3° Deux troisièmes lots, d'une valeur de. 50

Le prix du billet de loterie est de 75 centimes.

EXPOSITION DES ARTS.

Cette exposition restera ouverte, à partir du dimanche 28 mai, jusqu'au 12 juin inclusivement, tous les jours, de 10 heures du matin à 5 heures du soir.

Elle aura lieu dans la salle du conseil général, à la préfecture, et consistera en tableaux modernes et anciens, objets d'art et de curiosité, provenant de collections d'amateurs du département.

Le prix d'entrée est de 50 centimes. Le dimanche et le vendredi seulement, on paiera 25 centimes.

On trouvera à l'entrée le catalogue des objets exposés, au prix de 50 centimes.

PLACE DES HALLES.

CIRQUE

COLOMBIER-AVRILLON.

PRIX DES PLACES :

Places réservées, 2 fr. ; Premières, 1 fr. 50 c.; Secondes, 1 fr.; Parterre, 50 c.

DIORAMA.

THEATRUM PHYSICUM,

SALON AMÉRICAIN LORAMUS,

Physicien des Fêtes du Gouvernement.

Palais enchanté de Mlle LODOISKA,

Première Physicienne de l'Europe.

DIMANCHE 28 MAI

LES MILLE ET UNE NUITS

OU LES ENCHANTEMENTS MODERNES.

LES MORTS RESSUSCITÉS.

LE SACRIFICE D'ABRAHAM. — L'INCENDIE ET L'INONDATION.

LE TEMPLE DES PLAISIRS.

Dans cette pièce, une pluie de cadeaux tombera sur les Spectateurs.

MAZURKA IMPÉRIALE, dansée par Mlle ANGÉLINA.

L'ENFANT ÉLECTRIQUE

Par le pouvoir de l'Électricité, un enfant se tiendra en l'air comme un ballon, sans être soutenu par aucun appareil.

Cette expérience surprendra les hommes les plus savants.

NOUVELLE ANGLAISINE,

Dansée par Mlle ANGÉLINA.

INTERMÈDE GYMNASTIQUE

Par M. CHARLES.

LA SABOTIÈRE,

Danse villageoise, par M. ARTHUR et Mlle ANGÉLINA.

LES BOUTEILLES DE M. AURIOL

Exercice de haute difficulté, par M. CHARLES.

RÉCRÉATIONS CAMÉLÉONIENNES,

Par M. LORAMUS.

Dans cette séance, on verra les effets prodigieux de

L'ÉLECTRO-MAGNÉTIQUE

INSTRUMENT MÉDICAL.

Tous les spectateurs pourront recevoir gratuitement des commotions sanitaires, à l'aide de cet instrument, approuvé par la Faculté de Médecine.

LA BOUTEILLE ABONDANTE.

De cette Bouteille sortiront tous les fruits, toutes les liqueurs et tous les vins connus en Europe, et ils seront distribués au gré des Spectateurs.

Ne pas comparer cette Bouteille à la Bouteille inépuisable.

LE BALLON ÉLECTRIQUE.

LA FÉE TOPAZE

PANTOMIME FÉERIQUE EN UN ACTE.

DISTRIBUTION : *Mlles Rosina*, Colombine, *Lodoïska* ; Arlequin, *MM. Charles*, Pierrot, *Juliani*, Père Cassandre, *Anatole*.

Grande Parade à 6 heures 1/2, et à 7 heures 1/2 le lever du rideau.

Prix des Places :

Premières, 1 fr.; — Secondes, 50 c.; — Troisièmes (assis), 25 c.

TOUS LES SOIRS, LE SPECTACLE SERA TERMINÉ PAR

UNE BRILLANTE PANTOMIME.

CABINET OPTIQUE

DE Mlle ANNA GASPARI

Représentant les divers épisodes de la guerre d'Orient.

DIMANCHE 28 MAI,

GRANDE FÊTE MAGIQUE

DONNÉE PAR

M. DEROY ET Mme MORRIANNI,

PHYSICIENS.

DEUX HEURES DE MAGIE.

Prestige, Illusions, Jeux d'adresse, Métamorphoses, Pièces mécaniques.

NOUVEAUTÉS

Composées de tout ce qu'il y a de plus curieux dans ce genre.

La Danse des Sorciers.
Le Paradis du Diable, ou le Foulard voyageur.
Le Cadran cabalistique.
La Bouteille gastronome.
La Multiplication des Ballons.
Le Coffre merveilleux.
Les Pyramides, où l'Eau changée en Vin.
La naissance d'un Enfant dans un chapeau prêté par la Société.
Le Nid de Lapins dans la Bouteille.
Le Bassin de Neptune, ou les Poissons d'or.

LES EXERCICES EXTRAORDINAIRES

DE L'ENFANT MERVEILLEUX,

Par M. PORTE et le jeune HENRI

(Le seul créateur de ce genre d'exercices).

LE DIABLE AU MANS.

LA BOUTEILLE INÉPUISABLE.

L'ESCAMOTAGE D'UNE DEMOISELLE.

GRANDE PLUIE FANTASTIQUE

DE TOUTES SORTES DE FRIANDISES

Qui seront distribuées aux jeunes spectateurs. Abondance ou quantité, s'il n'y en a plus, il y en a encore. Enfin, il y en aura pour tout le monde.

TOUS LES SOIRS,

LE TÉLÉGRAPHE ESCARGOTIQUE.

Outre l'éclairage ordinaire, le Cabinet sera éclairé par 80 bougies.

Les Bureaux ouvriront à 6 heures 1/2. — On commencera à 7 h.

PRINCIPAUX HOTELS ET RESTAURANTS

DE LA VILLE.

Hôtel du Dauphin, place des Halles.

Hôtel de la Boule-d'Or, rue Dumas.

Hôtel de France, place des Halles.

Hôtel du Cheval-Blanc, place des Halles.

Restaurant Soyer, place des Halles.

Restaurant Pinot, place des Halles.

Hôtel Saint-Julien, place des Halles.

Hôtel de la Galère, près le pont Napoléon.

Restaurant Carlos, rue Courthardy.

TABLE.

www.ingramcontent.com/pod-product-compliance
Ingram Content Group UK Ltd.
Pitfield, Milton Keynes, MK11 3LW, UK
UKHW012113240726
13965UKWH00004B/1743